Marlene Walter

GRUNDWORTSCHATZ
Wörter richtig schreiben

Spannende Übungen und Arbeiten für Rechtschreibprofis

Liebes Schulkind!

In der **KARTEI Rechtschreiben** findest du

- eine Liste mit deinen wichtigen Wörtern aus der ersten Klasse,
- einige Wortfamilien,
- Wörter mit besonderen Rechtschreibschwierigkeiten.

Lies dir auf den Übungsseiten immer gut durch, was du tun sollst. Mach die Übungen gewissenhaft und genau, dann wirst du dich bei der Rechtschreibung immer besser auskennen. Beachte auch die Tipps am Ende jeder Einheit.

Viel Erfolg dabei, ein Rechtschreibprofi zu werden!

Meine gesammelten Rechtschreibwörter

Meine Wörter aus der ersten Klasse

Arzt, der
Ärztin, die
Baby, das
Ball, der
Baum, der
bin
Bub, der
Buch, das
Computer, der
der, die, das
draußen

ein, eine
fahren
Ferien, die
Freund, der
Freundin, die
Frühling, der
Früh, in der
Fußball, der
Geburtstag, der
gehen
gern, sehr gern

haben
Haus, das (zu Hause)
hören
ich
ist
können, kann
lesen
lieb, am liebsten
Mädchen, das
mag, mögen
Mama, die

Meine Wörter aus der ersten Klasse

mein, meine
muss, müssen
nicht
oft, sehr oft
Oma, die
Opa, der
packen
Papa, der
Quelle, die
Schnee, der
schwimmen

sehen, sieht
spielen, spielt
stehen
viel, viele
Wald, der
war, waren
werden, wird
wir
Zahn, der (Zähne)

Wortfamilien kennenlernen

Die Wortfamilie fahren

Wenn du fahren schreiben kannst, kannst du auch diese Wörter schreiben:

Was man tun kann:	Namenwörter	Wie etwas ist:
fahren	der Fahrer	gefährlich
hineinfahren	der Fahrschein	
wegfahren	die Radfahrerin	

Welche Wörter kennst du noch? Verwende Kartei, Wörterlisten, Buch,…
Arbeite allein oder zusammen mit einem anderen Kind.

Die Wortfamilie essen

Wenn du essen schreiben kannst, kannst du auch diese Wörter schreiben:

Was man tun kann:	Namenwörter	Wie etwas ist:
essen	das Mittagessen	essbar
aufessen	die Esspause	
fressen	das Lieblingsessen	

Welche Wörter kennst du noch? Verwende Kartei, Wörterlisten, Buch,…
Arbeite allein oder zusammen mit einem anderen Kind.

Die Wortfamilie spielen

Wenn du spielen schreiben kannst, kannst du auch diese Wörter schreiben:

Was man tun kann:	Namenwörter	Wie etwas ist:
spielen	die Fußballspielerin	spielerisch
mitspielen	der Ballspieler	
vorspielen	das Spielfeld	

Welche Wörter kennst du noch? Verwende Kartei, Wörterlisten, Buch,…
Arbeite allein oder zusammen mit einem anderen Kind.

Die Wortfamilie lesen

Wenn du lesen schreiben kannst, kannst du auch diese Wörter schreiben:

Was man tun kann:	Namenwörter	Wie etwas ist:
lesen	die Leserin	leserlich
vorlesen	der Leser	
	die Leseecke	

Welche Wörter kennst du noch? Verwende Kartei, Wörterlisten, Buch,…
Arbeite allein oder zusammen mit einem anderen Kind.

Die Wortfamilie lieb

Wenn du das Wort lieb schreiben kannst, kannst du auch diese Wörter schreiben:

Was man tun kann:	Namenwörter	Wie etwas ist:
lieben	der Liebling	lieb
liebhaben	die Lieblingstorte	liebevoll
verlieben	das Lieblingsessen	

Welche Wörter kennst du noch? Verwende Kartei, Wörterlisten, Buch,…
Arbeite allein oder zusammen mit einem anderen Kind.

Auf diesen beiden Seiten ist Platz für Wortfamilien, die dich auch interessieren.

Die Wortfamilie ______

Was man tun kann:	Namenwörter	Wie etwas ist:

Trag Wörter ein, die du kennst. Verwende Kartei, Wörterlisten, Buch,...
Arbeite allein oder zusammen mit einem anderen Kind.

Die Wortfamilie

Was man tun kann:	Namenwörter	Wie etwas ist:

Trag Wörter ein, die du kennst. Verwende Kartei, Wörterlisten, Buch,...
Arbeite allein oder zusammen mit einem anderen Kind.

Wie du Wortfamilien erforschen kannst:

Arbeitet zu zweit oder zu dritt:

- Sucht ein Wort **im Wörterbuch**.
- Oft stehen **darunter auch einige andere Wörter** aus der Wortfamilie.
- **Lest** euch **die Wörter** durch.
- **Welches Wort ist für dich wichtig?** Schreib es in die Tabelle!

So kannst du weiterarbeiten:

- Trag **deine eigenen wichtigen Rechtschreibwörter** in die Tabellen ein.
- Schreib immer wieder **passende Wörter dazu**, wenn du welche kennenlernst.

Ins Heft:

- Schreib mit einigen Wörtern Sätze.
- Zaubere **mit einigen Namenwörtern**: eines - mehrere
- Zaubere **mit einigen Wörtern**, die ausdrücken, was man tun kann. In dem Teil für Sprachforscherinnen und Sprachforscher findest du viele Möglichkeiten.

Tipp: Arbeite besonders mit Wörtern, die du dir schwer merken kannst!

Wörter mit besonderen Schwierigkeiten

Wörter mit ll, mm, nn, pp, ss, tt, ck, tz

Wörter mit ll, mm, nn

Alle schreibt man mit ll, **Sommer** schreibt man mit mm, **kann** schreibt man mit nn.

ll	mm	nn
alle	der Sommer kommen	kann

Welche Wörter kennst du noch? Verwende Kartei, Wörterlisten, Buch,…
Arbeite allein oder mit einem Partnerkind. Sprich dir die Wörter deutlich vor.
Was ist das Besondere am a, e, i, o oder u?

Wörter mit pp, ss, tt

Suppe schreibt man mit pp, **essen** schreibt man mit ss, **Mittag** schreibt man mit tt.

pp	ss	tt
die Suppe	essen	der Mittag

Welche Wörter kennst du noch? Verwende Kartei, Wörterlisten, Buch,…
Arbeite allein oder mit einem Partnerkind. Sprich dir die Wörter deutlich vor.
Was ist das Besondere am a, e, i, o oder u?

Wörter mit ck

Kuckuck schreibt man mit ck. Das Wort **packen** schreibt man auch mit ck.

Namenwörter	andere Wörter
der Kuckuck	packen

Welche Wörter kennst du noch? Verwende Kartei, Wörterlisten, Buch,...
Arbeite allein oder mit einem Partnerkind. Sprich dir die Wörter deutlich vor.
Was ist das Besondere am a, e, i, o oder u?

Wörter mit tz

Platz schreibt man mit tz. Das Wort **sitzen** schreibt man auch mit tz.

Namenwörter	andere Wörter
der Platz	sitzen

Welche Wörter kennst du noch? Verwende Kartei, Wörterlisten, Buch,…
Arbeite allein oder mit einem Partnerkind. Sprich dir die Wörter deutlich vor.
Was ist das Besondere am a, e, i, o oder u?

Wie du Wörter mit Doppelbuchstaben, ck oder tz erforschen kannst:

Arbeitet zu zweit oder zu dritt:

- Sprecht euch die Wörter deutlich vor.
- Versucht zu **hören,** wie kurz, wie schnell das a, e, i, o oder u klingt.
- **Erfindet ein Zeichen** für das kurze, schnelle a, e, i, o oder u.
- **Zeichne dieses Zeichen** unter das kurze, schnelle a, e, i, o oder u.

So kannst du weiterarbeiten:

- Trag **deine eigenen wichtigen Rechtschreibwörter** in die Tabellen ein.
- Schreib immer wieder **passende Wörter dazu**, wenn du welche kennenlernst.

Ins Heft:

- Schreib mit einigen Wörtern Sätze.
- Zaubere **mit einigen Namenwörtern**: eines - mehrere
- Zaubere **mit einigen Wörtern**, die ausdrücken, was man tun kann. In dem Teil für Sprachforscherinnen und Sprachforscher findest du viele Möglichkeiten.

Tipp: Arbeite besonders mit Wörtern, die du dir schwer merken kannst!

Wörter mit besonderen Schwierigkeiten

Wörter mit ah, eh, ih, oh, uh

Wörter mit h

Das Wort **Fahrrad** schreibt man mit h.
Die Wörter **ihr** und **gehen** schreibt man auch mit h.

Namenwörter	andere Wörter
das Fahrrad	ihr

Welche Wörter kennst du noch? Verwende Kartei, Wörterlisten, Buch,…
Du kannst allein oder mit einem Partnerkind arbeiten.

Wörter mit h

Noch mehr Wörter mit h:

Namenwörter	andere Wörter

Du kannst allein oder mit einem Partnerkind arbeiten.

Wie du Wörter mit h erforschen kannst:

Arbeitet zu zweit oder zu dritt:

- Sprecht euch die Wörter deutlich vor.
- Merkst du, wie das h **mithilft**, das a, e, i, o oder u **lang klingen zu lassen**?

So kannst du weiterarbeiten:

- Trag **deine eigenen wichtigen Rechtschreibwörter** in die Tabellen ein.
- Schreib immer wieder **Wörter mit h dazu**, wenn du welche kennenlernst.

Ins Heft:

- Schreib mit einigen Wörtern Sätze.
- Zaubere **mit einigen** Namenwörtern.
- Zaubere **mit einigen Wörtern**, die ausdrücken, was man tun kann. In dem Teil für Sprachforscherinnen und Sprachforscher findest du viele Möglichkeiten.

Tipp: Arbeite besonders mit Wörtern, die du dir schwer merken kannst!

Wörter mit besonderen Schwierigkeiten

Wörter mit ie

Wörter mit ie

Das Wort **Spielzeug** schreibt man mit ie.
Die Wörter **viel** und **wieder** schreibt man auch mit ie.

Namenwörter	andere Wörter
das Spielzeug	viel

Welche Wörter kennst du noch? Verwende Kartei, Wörterlisten, Buch,…
Du kannst allein oder mit einem Partnerkind arbeiten.

Wörter mit ie

Noch mehr Wörter mit ie:

Namenwörter	andere Wörter

Du kannst allein oder mit einem Partnerkind arbeiten.

Wie du Wörter mit ie erforschen kannst:

Arbeitet zu zweit oder zu dritt:

- Sprecht euch die Wörter deutlich vor.
- Merkst du, wie das e nach dem i **mithilft**, das i **lang klingen zu lassen**?

So kannst du weiterarbeiten:

- Trag **deine eigenen wichtigen Rechtschreibwörter** in die Tabellen ein.
- Schreib immer wieder **Wörter mit ie dazu**, wenn du welche kennenlernst.

Ins Heft:

- **Schreib** mit einigen Wörtern **Sätze**.
- Zaubere **mit einigen Namenwörtern**.
- Zaubere **mit einigen Wörtern**, die ausdrücken, was man tun kann. In dem Teil für Sprachforscherinnen und Sprachforscher findest du viele Möglichkeiten.

Tipp: Arbeite besonders mit Wörtern, die du dir schwer merken kannst!

Wörter
mit besonderen Schwierigkeiten

Wörter mit dem Buchstaben ß

Wörter mit ß

Das Wort **groß** schreibt man mit ß.
Spaß und **draußen** schreibt man auch mit ß.

Namenwörter	andere Wörter
der Spaß	draußen

Welche Wörter kennst du noch? Verwende Kartei, Wörterlisten, Buch, . . .
Du kannst allein oder mit einem Partnerkind arbeiten.

Wörter mit ß

Ordne deine ß-Wörter noch einmal – diesmal so:

Wörter mit au, ei, eu oder ie vor dem ß	Wörter mit a, o, u vor dem ß

Du kannst allein oder mit einem Partnerkind arbeiten.

Wie du Wörter mit ß erforschen kannst:

Arbeitet zu zweit oder zu dritt:

- Sprecht euch die Wörter deutlich vor.
- Merkst du, wie langsam, wie lang die Laute vor dem ß klingen?
  - Die beiden Laute au, ei, eu, ie oder äu zusammen klingen immer lang.
  - Aber auch **das einzelne a, o, oder u** vor dem ß **klingt lang**!

So kannst du weiterarbeiten:

- Trag **deine eigenen wichtigen Rechtschreibwörter** in die Tabellen ein.
- Schreib immer wieder **Wörter mit ß dazu**, wenn du welche kennenlernst.

Ins Heft:

- **Schreib** mit einigen Wörtern **Sätze**.
- Zaubere **mit einigen Namenwörtern**.

Tipp: Arbeite besonders mit Wörtern, die du dir schwer merken kannst!

Wichtige Tipps für Rechtschreibprofis:

✓ **Niemand** kann alle Wörter auswendig wissen!

✓ **Auch Erwachsene verwenden** beim Rechtschreiben **Strategien**.

✓ **Mögliche Strategien** für dich: Du kannst

- o **in deiner Wörterliste** oder **in der Kartei nachsehen**,
- o nach deinem Wort fragen und es dir **aufschreiben lassen**,
- o fragen, ob dein Wort **ein Mitsprechwort** ist (→ es buchstabieren),
- o **nachdenken**, ob dein Wort ein Nachdenkwort ist,
- o dein Wort **auf ein Blatt schreiben** – deiner Lehrerin/deinem Lehrer zeigen,
- o dein Wort **im Wörterbuch suchen**.

Wichtig: Wörter, die du immer wieder verwendest, versuch dir gut zu merken!

Viel Freude und Erfolg dabei,
ein Rechtschreibprofi zu werden!

Impressum

Seite 3: iStock.com/PeterHermesFurian

Liebes Schulkind!

In der **KARTEI Sprachbetrachtung** hast du viele Möglichkeiten, Wichtiges unserer Sprache zu erforschen. Du kannst

- Namenwörter sammeln,
- mit Namenwörtern **zaubern**,
- Namenwörter zusammensetzen und wieder trennen,
- Wörter sammeln, die ausdrücken, was man tun kann,
- mit diesen Wörtern **zaubern**,
- die Wörter mit anderen Wörtern zusammensetzen.

Am Schluss findest du noch wichtige Tipps für die Weiterarbeit.

Alles Gute dabei, unsere Sprache zu erforschen!

Namenwörter sammeln

Namen von Personen sind Namenwörter

Menschen in deiner Familie und andere liebe Personen:

der Papa	die Mama	das Baby
der Bruder	die Schwester	das Mädchen
der Freund	die Oma	das Kind

Auf der nächsten Seite ist auch noch Platz für Personen, die dir wichtig sind!

Namen von Personen sind Namenwörter

Menschen in deiner Familie und andere liebe Personen:

Namen von Personen sind Namenwörter

Wie heißen Personen, die du magst? Schreib hier ihre Namen auf:

Namen von Personen sind Namenwörter

Personen haben verschiedene Berufe:

der Schüler	die Schülerin	
der Arzt	die Ärztin	
der Lehrer	die Lehrerin	

Welche Berufe kennst du noch? Arbeite allein oder mit einem anderen Kind.

Namen von Körperteilen sind Namenwörter

Unsere Körperteile:

der Kopf	die Hand	das Ohr
der Bauch	die Nase	das Haar
der Fuß	die Zehe	das Knie

Welche Namen von Teilen deines Körpers kennst du noch?
Du kannst auch mit einem anderen Kind zusammenarbeiten.

Namen von Dingen sind Namenwörter

Meine Schulsachen:

der Bleistift	die Mappe	das Federpennal
der Spitzer	die Schultasche	das Heft
der Radiergummi	die Schere	das Lineal

Welche wichtigen Schulsachen hast du noch?
Du kannst auch mit einem anderen Kind zusammenarbeiten.

Namen von Dingen sind Namenwörter

Meine Spielsachen und meine liebsten Spielgeräte:

der Ball der Teddybär	die Eisenbahn die Schaukel	das Klettergerüst das Kuscheltier

Womit beschäftigst du dich noch gerne?
Du kannst auch mit einem anderen Kind zusammenarbeiten.

Namen von Dingen sind Namenwörter

Meine Kleidung:

der Schuh	die Hose	das T-Shirt
der Schal	die Jacke	das Leiberl
der Handschuh	die Haube	das Gewand

Schreib deine liebsten Kleidungsstücke dazu!
Du kannst auch mit einem anderen Kind zusammenarbeiten.

Namen von Dingen sind Namenwörter

Namen von Fahrzeugen:

der Bus	die Straßenbahn	das Fahrrad
der Autobus	die Eisenbahn	das Rad
der Roller	die Schnellbahn	das Auto

Welche Fahrzeuge kennst du noch?
Du kannst auch mit einem anderen Kind zusammenarbeiten.

Namen von Dingen sind Namenwörter

Dinge in Wohnungen und Räumen:

der Kasten	die Tafel	das Regal
der Tisch	die Wand	das Bett
der Sessel	die Decke	das Geschirr

Was gibt es noch bei dir zu Hause oder in der Klasse?
Du kannst auch mit einem anderen Kind zusammenarbeiten.

Namen von Tieren sind Namenwörter

Es gibt viele Tiere:

der Hund	die Schlange	das Meerschweinchen
der Hamster	die Maus	das Eichhörnchen
der Elefant	die Spinne	das Krokodil

Welche Tiere magst du besonders gerne?
Auf der nächsten Seite ist auch noch Platz!

Namen von Tieren sind Namenwörter

der	die	das

Namen von Körperteilen von Tieren sind Namenwörter

Was Tiere haben:

der Schwanz der Kopf der Körper	die Pfote die Schnauze die Tatze	das Fell das Auge das Maul

Welche Körperteile von Tieren kennst du noch?
Arbeite allein oder mit einem Partnerkind.

Namen von Pflanzen sind Namenwörter

Verschiedene Pflanzen:

der Baum	die Blume	das Veilchen
der Krokus	die Rose	das Schneeglöckchen
der Busch	die Tulpe	das Gras

Welche Pflanzen kennst du noch?
Arbeite allein oder mit einem Partnerkind.

Namen von Pflanzenteilen sind Namenwörter

Teile von Pflanzen:

der Ast	die Blüte	das Blatt
der Stängel	die Wurzel	das Ästchen
der Stamm	die Knospe	das Laub

Fallen dir noch andere Teile von Pflanzen ein?
Du kannst auch mit einem anderen Kind zusammenarbeiten.

Namen von Speisen und Getränken sind Namenwörter

Was wir gerne essen und trinken:

der Salat	die Erdbeere	das Obst
der Apfel	die Milch	das Brot
der Brokkoli	die Orange	das Eis

Schreib dazu, was du ganz besonders gerne isst!
Du kannst auch mit einem anderen Kind zusammenarbeiten.

Noch mehr Namenwörter

Noch mehr Namenwörter

Namenwörter genauer betrachten

Namenwörter sind Zauberwörter

Such Namenwörter aus und verändere sie.
Aber Vorsicht – das klappt nicht mit allen gesammelten Namenwörtern!

eines – mehrere (Obstarten)		eines – mehrere (Kleidungsstücke)	
ein Apfel eine Banane	drei Äpfel	ein	fünf

So kannst du auch im Heft arbeiten. Verwende deine Wörtersammlungen!

Namenwörter sind Zauberwörter

Such Namenwörter aus und verändere sie.

Aber Vorsicht – das klappt nicht mit allen gesammelten Namenwörtern!

eines – mehrere (Tiere)		eines – mehrere (Dinge)	
ein Löwe			

So kannst du auch im Heft arbeiten. Verwende deine Wörtersammlungen!

Namenwörter sind Zauberwörter

Aus A wird Ä, aus a wird ä. Lies und arbeite weiter:

eines – mehrere		eines – mehrere	
ein Apfel	drei	eine Wand	
ein Ball	viele	ein Vater	
ein Zahn		ein Wald	
eine Hand		ein Blatt	
ein Rad		ein Arzt	
ein Dach		ein Rand	
ein Mann		ein Ast	
eine Land		ein Band	

So kannst du auch im Heft arbeiten. Verwende deine Wörtersammlungen!

Namenwörter sind Zauberwörter

Aus au wird äu. Lies und arbeite weiter (allein oder mit einem Partnerkind):

eines – mehrere		eines – mehrere	
ein Baum	drei	ein Raum	
eine Maus	viele	ein Blumenstrauß	
ein Bauch		ein Traum	
ein Haus		ein Strauch	
ein Maul		ein Zaun	
eine Laus		ein Schlauch	
ein Kraut			
eine Faust			

Namenwörter sind Zauberwörter

Aus A oder a wird Ä oder ä, aus Au oder au wird Äu oder äu.
Lies und arbeite weiter (allein oder mit einem Partnerkind):

Eine kleine Nase ist ein Näschen.	Ein kleiner Baum
Eine kleine Katze ist	Ein kleines Haus
Ein kleiner Hase	Eine kleine Faust
Ein kleiner Ball	Eine kleine Maus
Ein kleiner Zahn	Ein kleines Maul
Ein kleiner Ast	Ein kleines Auge ist ein Äuglein.
Ein kleines Blatt	Ein kleiner Bauch
Eine kleine Hand	Eine kleine Maus

Namenwörter sind Nachdenkwörter

Wenn du nachdenkst, kommst du drauf, wie du diese Wörter schreiben musst.
Denk gut nach und arbeite weiter:

Das sind _pfel.

Das sind

Das

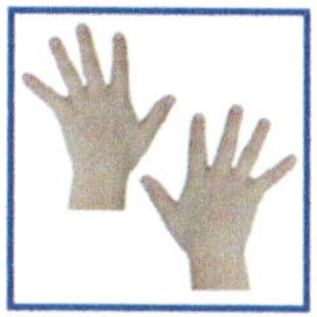

Das sind

Namenwörter kann man zusammensetzen und auch wieder trennen

Zusammensetzungen mit dem Wort Schnee:

	zusammensetzen	trennen (abteilen)
der Schnee, der Hügel	der Schneehügel	der Schnee=hügel
der Schnee, der Hase		
der Schnee, die Schaufel		
der Schnee, der Engel		
der Schnee, der Ball		
der Schnee, der Mann		
der Schnee, der Haufen		

Besprich deine Lösungen mit einem Partnerkind.

Namenwörter kann man zusammensetzen und auch wieder trennen

Zusammensetzungen mit dem Wort Arzt, Ärztin:

	zusammensetzen	trennen (abteilen)
das Ohr, der Arzt	der Ohrenarzt	der Ohren=arzt
der Zahn, die Ärztin	die	

Namenwörter, die du verwenden könntest: Auge, Haut, Kind, Haus, Schule, Tier, . . . (Vergleich deine Lösungen mit einem anderen Kind.)

Namenwörter kann man zusammensetzen und auch wieder trennen

Zusammensetzungen mit dem Wort Frühling – Sommer – Herbst – Winter:

	zusammensetzen	trennen (abteilen)
der Frühling, der Tag	der Frühlingstag	
der Winter, die Luft		

Namenwörter, die du verwenden könntest: Blume, Zeit, Woche, Sonne, Tag, Beginn, . . . (Vergleich deine Lösungen mit einem anderen Kind.)

Namenwörter kann man zusammensetzen und auch wieder trennen

Zusammensetzungen mit dem Wort Sonne:

	zusammensetzen	trennen (abteilen)
die Sonne, der Schein	der Sonnenschein	der Sonnen=schein
die Sonne, die Brille		

Namenwörter, die du verwenden könntest: Tag, Hut, Schirm, Kreme, Blume, Uhr, . . . (Vergleich deine Lösungen mit einem anderen Kind.)

Wörter sammeln,

die ausdrücken, was man **tun** kann

Wörter, die ausdrücken, was man tun kann

Was kannst du tun?

zu Hause	im Freien	in der Schule
spielen	laufen	schreiben
schlafen	fahren	spitzen
essen	gehen	erzählen

Schreib eigene Wörter dazu! Arbeite allein oder mit einem Partnerkind.

Wörter, die ausdrücken, was man tun kann

Was kannst du noch tun?

auf dem Spielplatz	auf der Straße	
schaukeln	schauen	
rutschen	aufpassen	
klettern	warten	

Schreib eigene Wörter dazu! Arbeite allein oder mit einem Partnerkind.

Wörter, die ausdrücken, was man tun kann, genauer betrachten

Wörter, die ausdrücken, was man tun kann, sind Zauberwörter

Zauberwörter kann man verändern:

	Was ich **manchmal** mache	Was ich **machen werde**
reden	ich rede	ich werde reden

So kannst du auch im Heft arbeiten. Verwende Kartei, Buch, Wörterlisten,…
Du kannst auch mit einem anderen Kind zusammenarbeiten.

Wörter, die ausdrücken, was man tun kann, sind Zauberwörter

Zauberwörter kann man verändern:

	ich	wir
turnen	ich turne	wir turnen

So kannst du auch im Heft arbeiten. Verwende Kartei, Buch, Wörterlisten,…
Du kannst auch mit einem anderen Kind zusammenarbeiten.

Wörter, die ausdrücken, was man **tun** kann, sind **Zauberwörter**

Zauberwörter kann man verändern:

	ich	**er** oder **sie**
malen	ich male	sie malt
		er

So kannst du auch im Heft arbeiten. Verwende Kartei, Buch, Wörterlisten,…
Du kannst auch mit einem anderen Kind zusammenarbeiten.

Wörter, die ausdrücken, was man tun kann, sind Zauberwörter

Zauberwörter kann man verändern:

	ich	**du**	**er** oder **sie**
fahren	ich fahre	du fährst	er fährt
singen	ich singe		sie

So kannst du auch im Heft arbeiten. Verwende Kartei, Buch, Wörterlisten,…
Du kannst auch mit einem anderen Kind zusammenarbeiten.

Wörter, die ausdrücken, was man tun kann, sind Zauberwörter

Zauberwörter kann man verändern:

	ich	**er** oder **sie**
spielen	ich habe gespielt	er hat gespielt
rechnen	ich habe	sie hat
warten		
sehen		
schreiben	ich habe geschrieben	
singen		

So kannst du auch im Heft arbeiten. Verwende Kartei, Buch, Wörterlisten,…
Du kannst auch mit einem anderen Kind zusammenarbeiten.

Wörter, die ausdrücken, was man tun kann, sind Zauberwörter

Zauberwörter kann man verändern:

	ich	**er** oder **sie**
gehen	ich bin gegangen	er ist
stehen	ich bin gestanden	sie ist
fahren		
rennen	ich bin gerannt	
rutschen		
klettern		

So kannst du auch im Heft arbeiten. Verwende Kartei, Buch, Wörterlisten,…
Du kannst auch mit einem anderen Kind zusammenarbeiten.

Wörter, die ausdrücken, was man tun kann, sind Zauberwörter

Heißt es habe oder bin?

	ich	er oder sie
malen	ich gemalt	er
hören	gehört	sie
umfalllen	umgefallen	
sehen		
stolpern		
sitzen	gesessen	
weinen		

So kannst du auch im Heft arbeiten. Verwende Kartei, Buch, Wörterlisten,…
Du kannst auch mit einem anderen Kind zusammenarbeiten.

Wörter, die ausdrücken, was man tun kann, sind Zauberwörter

Zauberwörter kann man verändern. Heißt es habe oder bin?

	ich	**er** oder **sie**
bauen		
rechnen		
schwimmen		
lachen		
stehen		
erzählen		
schaukeln		

So kannst du auch im Heft arbeiten. Verwende Kartei, Buch, Wörterlisten,…
Du kannst auch mit einem anderen Kind zusammenarbeiten.

Lange Wörter, die ausdrücken, was man tun kann

Manche Wörter kann man mit diesen kleinen Wörtern zusammensetzen:

mit nach aus vor hin hinaus her herunter ein hinein zurück weg auf

mitspielen		
nachlaufen		

Denk gut nach. Welche beiden Wörter ergeben zusammen ein sinnvolles langes Wort? Arbeite allein oder zusammen mit einem anderen Kind.

Lange Wörter, die ausdrücken, was man tun kann

Wichtige Tipps für Sprachforscherinnen und Sprachforscher:

Wenn du eine Übung gemacht hast und dich schon gut auskennst, **arbeite mit deinen eigenen Wörtern im Heft weiter**. Verwende

- deine **Kartei**,
- die Wörter in deinem **Schulbuch**,
- die **Wörtersammlungen und Wörterlisten**, die du sonst noch hast.

Am wichtigsten für dich sind deine gesammelten Rechtschreibwörter hinten im Buch:

- **Passen sie** zu einer Übung **dazu**? **Schreib sie dazu,** wenn Platz ist!
- **Verwende sie** auch im Heft **so oft wie möglich**, damit du sie dir merkst!

Finde heraus, **was dir besonders schwer fällt**.

- Mach diese schwierigen Übungen **besonders oft**.
- Arbeite **genau und sorgfältig**.
- Versuch, dabei **ein Meister, eine Meisterin zu werden**.

Viel Freude und Erfolg dabei,
unsere Sprache zu erforschen!

Impressum

Seite 3: iStock.com/PeterHermesFurian

Seite 31: Frederike Meyer; iStock.com/GlobalP